团 体 标 准

黄淮地区公路粉土路基设计施工技术指南

Technical Guideline for Design and Construction of Silt Subgrade in Huang-Huai Area

T/CHTS 10009—2019

主编单位：安徽省交通控股集团有限公司
发布单位：中国公路学会
实施日期：2019 年 06 月 10 日

图书在版编目(CIP)数据

黄淮地区公路粉土路基设计施工技术指南（T/CHTS 10009—2019）/安徽省交通控股集团有限公司主编. —北京：人民交通出版社股份有限公司，2019.6
ISBN 978-7-114-15570-3

Ⅰ.①黄⋯ Ⅱ.①安⋯ Ⅲ.①公路路基—设计规范—中国②公路路基—工程施工—技术规范—中国 Ⅳ.①U416.1-65

中国版本图书馆CIP数据核字(2019)第095309号

标准类型：	团体标准
标准名称：	黄淮地区公路粉土路基设计施工技术指南
标准编号：	T/CHTS 10009—2019
主编单位：	安徽省交通控股集团有限公司
责任编辑：	郭红蕊　韩亚楠
责任校对：	尹　静
责任印制：	张　凯
出版发行：	人民交通出版社股份有限公司
地　　址：	(100011)北京市朝阳区安定门外外馆斜街3号
网　　址：	http://www.ccpress.com.cn
销售电话：	(010)59757973
总 经 销：	人民交通出版社股份有限公司发行部
经　　销：	各地新华书店
印　　刷：	北京市密东印刷有限公司
开　　本：	880×1230　1/16
印　　张：	2.25
字　　数：	49千
版　　次：	2019年6月　第1版
印　　次：	2019年6月　第1次印刷
书　　号：	ISBN 978-7-114-15570-3
定　　价：	260.00元

(有印刷、装订质量问题的图书由本公司负责调换)

中国公路学会文件

公学字〔2019〕51号

中国公路学会关于发布
《黄淮地区公路粉土路基设计施工技术指南》的公告

现发布中国公路学会标准《黄淮地区公路粉土路基设计施工技术指南》(T/CHTS 10009—2019),自2019年6月10日起实施。

《黄淮地区公路粉土路基设计施工技术指南》(T/CHTS 10009—2019)的版权和解释权归中国公路学会所有,并委托主编单位安徽省交通控股集团有限公司负责日常解释和管理工作。

中国公路学会
2019年5月16日

前　言

《黄淮地区公路粉土路基设计施工技术指南》(以下简称《指南》)编写组通过大量的文献调查、现场调研及试验等工作,并广泛征求了有关单位和专家意见,经过反复讨论修改,最终形成本指南。

本指南总结了黄淮地区多年来公路粉土路基修筑技术科技成果和工程经验,对现行《公路路基设计规范》(JTG D30)和《公路路基施工技术规范》(JTG F10)中相关内容进行了细化和补充,用于规范和指导黄淮地区的公路粉土路基设计和施工。

本指南按照《中国公路学会标准编写规则》(T/CHTS 10001)编写,共分6章、4个附录,主要内容包括:总则、术语与符号、工程地质勘察、路基设计、路基施工、质量检测与验收。

请将标准实施过程中发现的问题和对标准的意见反馈至安徽省交通控股集团有限公司(地址:安徽省合肥市望江西路520号;联系电话:0551-63738720;电子邮箱:huangzf053@ahjkjt.com),供修订时参考。

本指南由安徽省交通控股集团有限公司提出,受中国公路学会委托,由安徽省交通控股集团有限公司负责具体解释工作。

主编单位:安徽省交通控股集团有限公司

参编单位:中交第二公路勘察设计研究院有限公司、武汉广益工程咨询有限公司、安徽交通职业技术学院、安徽省交通规划设计研究总院股份有限公司、山东大学、山东交通学院、长沙理工大学、山东省交通规划设计院、中交第一工程局有限公司

主要起草人:黄志福、王宏祥、吴万平、冯守中、段海澎、张静波、张国栋、于春江、国文新、陈修和、刘宝奎、崔新壮、李晋、张军辉、张珂、孙亚刚、张鹏、窦维禹、吴义华、刁凯、曹皓、孙志永、姚孝虎、张敏敏、阮艳彬、何斌、张晶、王云

主要审查人:李华、关昌余、吴立坚、黄颂昌、薛忠军、付智、卢正、柴玉卿、周海涛、余波

目　次

1 总则 ·· 1
2 术语与符号 ·· 2
　2.1 术语 ··· 2
　2.2 符号 ··· 2
3 工程地质勘察 ·· 3
　3.1 一般规定 ··· 3
　3.2 工程可行性研究阶段勘察 ·· 3
　3.3 初步设计阶段勘察 ··· 3
　3.4 施工图设计阶段勘察 ·· 4
4 路基设计 ·· 6
　4.1 一般规定 ··· 6
　4.2 路堤设计 ··· 6
　4.3 地基处理设计 ··· 7
　4.4 防排水工程设计 ·· 8
　4.5 防护工程设计 ··· 9
　4.6 取土场设计 ··· 10
5 路基施工 ·· 11
　5.1 一般规定 ·· 11
　5.2 施工准备 ·· 13
　5.3 路基填筑 ·· 14
　5.4 改良粉土路基施工 ·· 17
　5.5 防排水工程施工 ··· 18
　5.6 防护工程施工 ·· 18
　5.7 取土场施工 ··· 19
6 质量检测与验收 ·· 20
　6.1 一般规定 ·· 20
　6.2 质量检测 ·· 20
　6.3 交工验收 ·· 20
附录 A　标准状态下粉土路基回弹模量值 M_R 的确定 ·· 22
附录 B　路基平衡湿度的确定 ·· 23
附录 C　路基回弹模量湿度调整系数的确定 ·· 24
附录 D　干湿循环试验方法 ··· 25
用词说明 ·· 26

黄淮地区公路粉土路基设计施工技术指南

1 总则

1.0.1 为提升黄淮地区公路粉土路基设计施工技术水平，提高路基工程质量，保证路基具有足够的强度、稳定性和耐久性，制定本指南。

1.0.2 本指南适用于黄淮地区各等级公路粉土路基新建和改扩建工程的设计与施工，其他地区公路粉土路基设计与施工可参考使用。

1.0.3 公路粉土路基设计与施工应遵循就地取材、经济适用、节约用地、保护环境的原则。

1.0.4 公路粉土路基设计与施工应贯彻国家有关技术政策，积极稳妥地采用新技术、新材料、新工艺、新设备。

1.0.5 公路粉土路基设计与施工，除应符合本指南的要求外，还应符合国家和行业现行有关标准的规定。

2 术语与符号

2.1 术语

2.1.1 粉土 silt
粒径大于 0.075mm 的颗粒质量不超过总质量的 50% 且塑性指数不超过 10 的土。

2.1.2 空气率 air ratio
土中空气体积与土体总体积的比值,以百分率表示,可根据土体干密度、含水率和土粒比重换算求得。

2.1.3 隔断层 aquiclude
为隔断毛细水对路基的影响,采用透水性良好的砂砾、碎石或防渗土工合成材料铺筑的功能层。

2.1.4 路基平衡湿度 subgrade equilibrium humidity
公路建成通车后,在自然环境作用下,路基达到相对稳定、平衡状态时的湿度。

2.2 符号

E_0——平衡湿度状态下路基回弹模量设计值;

K_s——路基回弹模量湿度调整系数;

K_η——干湿循环条件下路基土模量折减系数;

M_R——标准状态下路基动态回弹模量值。

3 工程地质勘察

3.1 一般规定

3.1.1 工程地质勘察应采用资料收集、调绘、勘探、原位测试及室内试验相结合的工作方法,按照公路建设各阶段的相应要求,并结合现场地形地质条件、路基高度、结构物设置情况、勘察目的等,合理确定勘察方法和工作量。

3.1.2 工程地质勘察应重点查明下列内容:
1 粉土的分布范围、厚度、埋深、工程性质等。
2 路基范围内的地层界线、地下水出露点、河漫滩、河流阶地、古河道、古湖塘、暗浜、暗沟、沟谷低洼地带等地貌单元分布情况,以及喷水冒砂和液化沉陷震害遗迹等。
3 地下水的类型、埋深、赋存、补给、排泄和径流条件,以及河流、湖泊等地表水体分布位置、高程和水位变化情况等。
4 既有工程的使用情况等。

3.1.3 地震动峰值加速度大于或等于 0.10g 地区存在饱和粉土时,应按照现行《建筑抗震设计规范》(GB 50011)中的有关规定进行地震液化判别,确定地基液化等级。

3.1.4 软土路段工程地质勘察应符合现行《公路软土地基路堤设计与施工技术细则》(JTG/T D31-02)的规定。

3.1.5 改扩建工程应对既有路基和拓宽场地进行调查、勘探和测试,查明既有路基的填土类别、物理力学性能、横断面特征、稳定状况、防护和排水效果、路基病害等情况。

3.1.6 工程地质勘察除符合本指南的要求外,尚应符合现行《公路工程地质勘察规范》(JTG C20)的规定。

3.2 工程可行性研究阶段勘察

3.2.1 工可勘察应以资料收集和工程地质调绘为主,并辅以必要的勘探手段。

3.2.2 工可勘察阶段应按照现行《公路工程地质勘察规范》(JTG C20)的规定,初步查明以下内容:
1 地基土层结构、成因类型、分布范围、厚度、埋深。
2 软土地基的分布范围、厚度、深度、稠度状态。
3 古河道、古湖塘、暗浜、暗沟、沟谷低洼地带,以及喷水冒砂和液化沉陷震害遗迹等位置。
4 地震动峰值加速度大于或等于 0.10g 地区饱和粉土液化的可能性、液化土的范围、历史震害资料。
5 可用填料的分布情况、填料数量、开采和运输条件。

3.3 初步设计阶段勘察

3.3.1 初步勘察阶段应按照现行《公路工程地质勘察规范》(JTG C20)的规定,基本查明以下内容:
1 地基土层结构、物理力学性质、路基稳定性。
2 软土和液化土的分布范围、埋深、厚度和物理力学性质。
3 古河道、古湖塘、暗浜、暗沟、沟谷低洼地带等地貌单元分布情况,以及喷水冒砂和液化沉陷震害遗迹等。

    4　路基填料的分布情况、数量和物理力学性质。

3.3.2　工程地质勘探除满足相关规范要求外，勘探点布设间距应满足表3.3.2的要求。

表3.3.2　初步勘察路基勘探点布设间距

场地条件	勘探点间距（m）		
	高速公路、一级公路	二级公路	三级公路、四级公路
简单场地	700～1 000	1 000～1 500	2 000～3 000
复杂场地	500～700	700～1 000	1 500～2 000

注：1. 简单场地是指位于地震动峰值加速度小于0.10g地区、地形平缓、地层单一、厚度较为均匀且无软土分布的路段。
    2. 复杂场地是指临河（湖、塘）或有古旧河道分布的路段，或地震动峰值加速度大于或等于0.10g，地基中有饱和粉细砂或饱和粉土分布的路段。
    3. 填土高度大于6m的路段或桥头路段适当加密。
    4. 可根据勘探深度及场地条件等选用挖探、静力触探、十字板剪切或钻探等勘探手段。

3.3.3　路基勘探深度应能满足路基稳定性、沉降计算和地基液化判别的需要。具体要求如下：

    1　一般粉土路段，勘探深度不宜小于2m。

    2　可液化土路段，勘探深度不宜小于20m。

    3　软土路段，勘探深度应根据软土分布厚度及路基填土高度确定。对于较薄的软土，应穿透软土至主要持力层内2m～5m或下伏基岩；对于厚层软土，钻孔深度不宜小于25m。

3.3.4　地震动峰值加速度大于或等于0.10g地区的饱和粉土地基，应进行钻探、标准贯入试验等综合勘探，判别液化的可能性，确定液化等级。

3.3.5　取土场勘探应符合下列要求：

    1　勘探断面应不少于1个，每个断面勘探点数量应不少于2个。

    2　取代表性土样，进行含水率、液塑限、密度、击实、承载比（CBR）、回弹模量、抗剪强度等物理力学性质试验。

3.4　施工图设计阶段勘察

3.4.1　详细勘察阶段应按照现行《公路工程地质勘察规范》（JTG C20）的规定，进一步查明场地工程地质条件。

3.4.2　详细勘察应在充分利用初步勘察资料的基础上，重点对初步设计阶段未查明的或需要补充查明的工程地质条件，采用以钻探、测试为主，调绘为辅的方法进行勘察，其勘探点布设间距应满足表3.4.2的要求。

表3.4.2　详细勘察勘探点布设间距

工程条件	勘探点间距（m）		
	高速公路、一级公路	二级公路	三级公路、四级公路
简单场地	500～700	700～1 000	1 500～2 000
复杂场地	300～500	500～700	1 000～1 500

注：1. 填土高度大于6m的路段或桥头路段适当加密。
    2. 软土、可液化土边界附近应适当加密，确定分布范围。
    3. 勘探手段可根据勘探深度及场地条件等选用挖探、静力触探、十字板剪切或钻探等。

3.4.3 勘探深度除应符合第 3.3.3 条的要求外,对于厚层软土,其钻孔深度应达到预估的地基附加应力与自重应力之比为 0.10~0.15 时所对应的深度。

3.4.4 对下列特殊路段应布置勘探横断面,以查明地层分布情况,评价路基稳定性:
 1 临河路基下伏地层有饱和粉土、软土。
 2 存在古河道、古湖塘、暗沟、暗浜等。
 3 粉土路基填土高度大于或等于 6m。
 4 处于软土路段的桥头路基。

3.4.5 详细勘察阶段,每个取土场的勘探断面不少于 2 个,每个勘探断面上不少于 2 个勘探点;取土量 1 万 m^3 以上的取土场应增加勘探断面和勘探点数量,并通过室内试验,查明填料的物理力学性质。

4 路基设计

4.1 一般规定

4.1.1 路基设计应收集公路沿线气候、水文、地形地貌、地质、地震、筑路材料等资料,做好沿线地质勘察、路基填料试验工作,并重点查明沿线冲沟、古河道、软弱土层的空间分布特征及岩土物理力学性质。

4.1.2 路基设计应充分考虑水对路基性能的影响,设置完善的防排水系统及必要的防护工程。

4.1.3 粉土用作路基填料时最小承载比(CBR)应符合表4.1.3的规定。

表 4.1.3 路基填料最小承载比要求

项目分类		路面底面以下深度(m)	填料最小承载比(CBR)(%)		
			高速公路、一级公路	二级公路	三、四级公路
上路床		0~0.3	8	6	5
下路床	轻、中等及重交通	0.3~0.8	5	4	3
	特重、极重交通	0.3~1.2	5	4	—
上路堤	轻、中等及重交通	0.8~1.5	4	3	3
	特重、极重交通	1.2~1.9	4	3	—
下路堤	轻、中等及重交通	1.5 以下	3	2	2
	特重、极重交通	1.9 以下	3	2	—

注:1. 当路基填料CBR值达不到表列要求时,可采取掺水泥、石灰等无机结合料改良处理。
    2. 当三、四级公路铺筑沥青混凝土和水泥混凝土路面时,应采用二级公路的规定值。

4.1.4 零填及挖方路段的路床应采用换填或掺加无机结合料改良等措施进行处治。

4.1.5 新建路基的路床应处于干燥或中湿状态,当达不到要求时,应采取必要的处治措施。

4.1.6 路基设计除符合本指南的要求外,尚应符合现行《公路路基设计规范》(JTG D30)的规定。

4.2 路堤设计

4.2.1 路堤高度应根据填料的工程性质、水文地质条件、道路交叉情况等因素合理确定,并符合下列规定:

1 不设隔断层的路堤最小高度不应小于中湿状态路基临界高度。

2 路堤最大高度不宜超过6m。当路堤高度超过6m时,应进行路堤稳定性验算,必要时可采取放缓边坡或加筋等措施。

3 地震动峰值加速度大于或等于0.10g地区存在液化土层时,应根据公路等级、地基液化等级合理确定路堤高度。

4.2.2 低路堤、桥涵与路堤连接过渡段应采用粒料类或无机结合料处治粉土填筑。

4.2.3 路堤的边坡形式、坡率应根据边坡高度和工程地质条件确定,并符合表4.2.3的规定。

表 4.2.3　路堤边坡形式和坡率

路堤填土高度（m）	边坡形式	边坡坡率	平台宽度
H≤6	直线形	不陡于1:1.5	—
6＜H≤10	折线形	上部6m不陡于1:1.5，下部不陡于1:1.75	—
H＞10	台阶形	上部6m不陡于1:1.5，中部设置平台，下部不陡于1:1.75	≥2m

4.2.4　地基表层处理设计应符合下列要求：

1　地基表层应碾压密实；高速公路、一级公路和二级公路基底压实度不应小于90%；三、四级公路不应小于85%。

2　路床底部位于地表以下时，应对地基表层土采取超挖、外掺无机结合料等处理措施，处理深度应不小于地表距路床底深度。

3　沿河、湖、沟、塘路段，应视具体情况采取排水、清淤等处理措施。

4　当地基表层土含水率较高难以碾压密实时，宜开挖临时排水沟，或采取外掺无机结合料等处理措施。

4.2.5　当路床处于潮湿状态时，可采取在路基底部设置隔断层或提高路堤高度等措施。当采用砂砾或碎石等透水性材料作为隔断层时，其厚度不宜小于0.5m；当采用防渗土工合成材料作为隔断层时，其铺设部位宜高出地表0.5m以上。

4.2.6　无机结合料处治粉土时，掺量应通过试验确定。试验条件受限时，可参照表4.2.6选用。

表 4.2.6　无机结合料掺量

处治材料	掺量（质量百分比）（%）			
	地基表层	上、下路堤	路床	桥涵与路堤过渡段
石灰	3~4	3~5	4~8	4~8
水泥	2~3	2~4	3~5	3~5

4.2.7　拓宽部分的路基应采取开挖台阶、加筋等工程措施，以减小新老路基之间的差异沉降。

4.2.8　平衡湿度状态下的路基回弹模量 E_0 应按式（4.2.8）计算。

$$E_0 = K_s \cdot K_\eta \cdot M_R \quad (4.2.8)$$

式中：E_0——平衡湿度状态下路基回弹模量设计值（MPa）；

　　　M_R——标准状态下路基动态回弹模量值（MPa），按附录A确定；

　　　K_s——路基回弹模量湿度调整系数，为平衡湿度状态下的回弹模量与标准状态下的回弹模量之比，按附录B、附录C确定；

　　　K_η——干湿循环条件下路基土模量折减系数，参照附录D通过试验确定。初步设计时，可取0.70。

4.2.9　路床顶面回弹模量和竖向压应变应满足现行《公路水泥混凝土路面设计规范》（JTG D40）和《公路沥青路面设计规范》（JTG D50）的要求；当不满足时，应进行处治。

4.3　地基处理设计

4.3.1　地基为饱和粉土或软土时，应进行路基稳定性和沉降计算，并符合现行《公路路基设计规范》（JTG D30）的有关规定；当路基稳定性、沉降不能满足要求时，应进行地基处理设计。

4.3.2 地震动峰值加速度大于或等于0.10g地区存在可液化土层,按现行《公路工程抗震规范》(JTG B02)需要进行抗液化处理时,应根据公路等级、地基液化等级,参照表4.3.2确定地基抗液化处理原则。

表4.3.2 地基抗液化处理原则

公路等级	路段类别	地基液化等级		
		轻微	中等	严重
高速公路、一级公路	桥头路基	B	A	A
	一般路基 $h \geq 3m$	C	B	A
二级公路	桥头路基	C	B	A
	一般路基 $h \geq 4m$	—	C	B
三级、四级公路	桥头路基	—	C	B
	一般路基 $h \geq 4m$	—	—	C

注:A-全部消除液化;B-部分消除液化;C-浅层处理。

4.3.3 地基抗液化处理措施应根据本指南第4.3.2条所确定的地基抗震液化处理原则及液化土层埋深、具体措施的有效处理深度,按照表4.3.3选用。

表4.3.3 地基抗液化处理措施

处理措施	冲击碾压	重锤夯实	强夯	碎石桩等
有效处理深度(m)	1～2	2～3	5～10	≤20

4.3.4 当拓宽路基处于饱和粉土地基上时,应采用复合地基处理,不宜采用排水固结、冲击碾压或强夯法处理。

4.3.5 液化地基处理除符合本指南的要求外,尚应符合现行《公路工程抗震规范》(JTG B02)中的有关规定。

4.4 防排水工程设计

4.4.1 粉土路基防排水设计应与路面、桥梁、涵洞等防排水系统相协调,形成完善、通畅的防排水系统,并与边坡防护相结合,防止出现冲刷。

4.4.2 粉土路段路表水应采用集中排水方式,集中排水系统由拦水带或路肩排水沟、急流槽、消力池、排水沟等组成,各设施间应衔接平顺,防止路表水冲刷边坡。

4.4.3 中央分隔带防排水设计应符合下列要求:

1 中央分隔带表面采用铺面封闭时,分隔带铺面应采用两侧外倾的横坡,坡度宜与路面横坡度相同,铺面之下应设置防水层。

2 中央分隔带表面未采用铺面封闭时,中央分隔带内部应设置由防水层、纵向排水渗沟、集水槽和横向排水管等组成的综合防排水系统。

3 凹形中央分隔带的表面宜设置成浅碟形,坡度宜为1:6～1:4,并应在中央分隔带设置由纵向排水沟、集水井、横向排水管、边坡急流槽、消力池等组成的综合排水系统,其断面尺寸、设置间距应通过水力计算确定。

4 中央分隔带与路面结构层之间应设置防水层。

4.4.4 当地下水位距离地表小于 1.0m 时,低路堤底部宜设置排水垫层或防渗隔断层,其要求如下:

1 排水垫层厚度不应小于 0.50m,其材料宜选用天然砂砾、碎石或中粗砂。

2 防渗隔断层可选用复合土工膜、复合防排水板等土工合成材料,并应符合现行《公路土工合成材料应用技术规范》(JTG/T D32)的规定。

4.4.5 下挖式通道应设置独立、完善的排水系统,排除汇水区域的地表径流水和影响道路功能的地下水。排水设施的布设应与周围其他排水设施相协调。

4.4.6 除符合本指南的要求外,尚应符合现行《公路排水设计规范》(JTG/T D33)中的有关规定。

4.5 防护工程设计

4.5.1 粉土路基防护设计应根据地区降雨量、路基填土高度、填料性质等合理确定防护措施,防止路基病害,保证路基稳定。

4.5.2 当粉土路基边坡高度不大于 3m 时,可选用喷播植草、铺草皮、植物纤维毯等草灌结合的植物防护。

条文说明:路基坡面植物防护当前主要有喷播植草、喷混植生、铺草皮、植物纤维毯等方式。由于植被生长需要一定的周期,在绿化施工的初期,雨水对坡面冲刷,易造成坡面破坏,三维网片脱空,整体植被难以形成,直接影响坡面防护的效果,对安徽大别山区的砂性土、淮河以北粉质土等易冲刷边坡这种现象更为严重;其次,传统的施工方法种子发芽全靠后期养护,往往由于后期养护不到位或天气干燥,造成种子发芽率不高,植被形成效果不好;再者,由于传统施工方法对坡面要求高,需动用大型机械,施工转场难,很难做到随挖随整,及时防护,在路基施工期间水土流失严重。

植物纤维毯以农作物秸秆,例如:稻、麦秸秆、棕榈、麻、椰壳绒等植物纤维为基底,连同优质草籽、营养剂、专用纸、定型网等多种材料(视用途而定),还可加入腐质土和营养土,在大型生产流水线上加工缝纫形成植物纤维毯。在现场坡面整理后将植物纤维毯铺设在坡面上,通过锚固沟、锚固钉将植物纤维毯固定,覆土压实后形成植物纤维毯护坡。植物纤维毯初期可对坡面有效防护,对草籽初期的出芽生长有良好的保墒效果,草籽的出芽率高,后期植物纤维毯腐蚀为植被提供了肥料,植物生长旺盛。在安徽岳武、周六等高速公路边坡防护中,收到了显著的效果。

4.5.3 当粉土路基边坡高度大于 3m 时,宜采用骨架植物防护或植物纤维毯防护。骨架形式可采用拱形、人字形或方格形,材料可采用浆砌片石或水泥混凝土,骨架内采用植物防护。

4.5.4 植物纤维毯防护设计应符合下列规定:

1 植物纤维毯防护适用于高度不大于 6m 的路基边坡,应做好纤维毯与路肩排水、路基边坡排水设施间的衔接设计,避免雨水流入纤维毯下冲刷路基边坡。

2 纤维毯厚度不宜小于 3mm,重量不宜小于 $260g/m^2$(种植季节)或 $300 g/m^2$(非种植季节)。

3 纤维毯下部土层厚度不宜小于 20cm,可适量加入底肥,便于草籽快速生长。

4 选择当地适于在粉土中生长迅速、根系发达、易于养护的物种。

5 纤维毯顶部应锚固在坡顶拦水带或路肩排水沟内侧,锚固沟宽和深一般不小于 20cm,用木条、木棍或竹竿卷住纤维毯并用 U 形钉固定在挖好的沟里,然后再覆土压实。

6 纤维毯应采用 U 形钉固定,每平方米 U 形钉不少于 2 个,长度不小于 15cm,底部埋入边坡底端并进行固定,以保证纤维毯与坡面充分接触并铺设整齐。

4.5.5 浸水路堤边坡宜采用浆砌片石或水泥混凝土预制块护坡,铺砌层下应设置砂砾或碎石垫层,厚度不宜小于 0.10m。

4.6 取土场设计

4.6.1 取土场设计应遵循节约用地、保护环境的原则,与当地有关部门充分协商,确定取土、恢复及环境保护方案。

4.6.2 宜采用集中取土方案,并根据土层分布特点和土地复垦需要,合理确定取土深度。有条件时可结合当地农田水利、河道整治等工程取土。

4.6.3 取土场与路基边坡坡脚之间的距离不宜小于50m,以保证路基边坡稳定。

4.6.4 桥下或桥头引道两侧100m范围内不得设置取土场。

4.6.5 取土前应清除表土集中堆放,用于复耕或坡面绿化。

5 路基施工

5.1 一般规定

5.1.1 应根据设计要求、现场的实际情况,合理选用施工方法,编制施工组织设计。

5.1.2 应按照现行《公路工程质量检验评定标准》(JTG F80/1),加强施工过程控制及质量检测工作,保证工程质量。

5.1.3 施工前应熟悉相关文件,全面了解粉土路用特性,做好技术交底和培训。

5.1.4 路基应分层铺筑、碾压密实,路基压实质量标准应符合表5.1.4的要求。

表5.1.4 路基压实质量控制标准

路基部位		路面底面以下深度(m)	压实度(%)			空气率(%)		
			高速公路一级公路	二级公路	三、四级公路	高速公路一级公路	二级公路	三、四级公路
上路床		0~0.3	≥96	≥95	≥94	—	—	—
下路床	轻、中等及重交通	0.3~0.8	≥96	≥95	≥94	≤8	≤9	≤10
	特重、极重交通	0.3~1.2	≥96	≥95	—			—
上路堤	轻、中等及重交通	0.8~1.5	≥94	≥94	≥93	≤9	≤10	≤10
	特重、极重交通	1.2~1.9	≥94	≥94	—			—
下路堤	轻、中等及重交通	1.5以下	≥93	≥92	≥90	≤11	≤11	≤11
	特重、极重交通	1.9以下			—			—

注:1. 表列压实度以现行《公路土工试验规程》(JTG E40)重型击实试验法为准。
2. 三、四级公路铺筑水泥混凝土路面或沥青路面时,其压实度质量控制标准应采用二级公路的规定值。

条文说明:粉土既不同于黏性土,又不同于砂性土。条文说明图5-1击实曲线呈马鞍形,有两个驼峰,与黏性土的饱和曲线相比,它的饱和曲线离击实曲线较远,说明在常规的击(压)实方法中,即便在最大干密度状态,土中的孔隙体积仍较大。

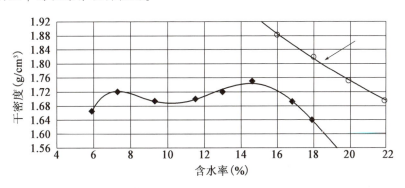

条文说明图5-1 含水率与干密度关系曲线

粉土因其特殊的物理力学性能,其渗透系数高、渗透固结性能较强,干燥时呈粉状,只有在一定含水率的条件下才能成型,粉土中因粉粒含量高,粒径较均匀,毛细管发育,水稳性差。粉土填筑路堤常规的压实方法是难以压实的,粉土施工中须采用特殊的工艺方法进行压实。同时,由于粉土颗粒较均匀,它具有与黏土不同的根本特性,采用密度法进行施工检测,因其颗粒离散性的问题,标准最大干密度难以取得,故密度法检测压实准确度较低。

由安徽省泗淮高速公路空气率计算结果(条文说明表5-1)可知,即使在最佳含水率下,压实到最大干密度,其空气体积率仍为7.83%,这表明土的吸水空间较大,可达近3.83%(一般最小空气体积率为4%左右),这对于土的稳定极为不利。根据空气率知,对于同一干密度,在不同含水率下压实,其V_a并不相同,如压实度98%,对应的含水率范围17%~21.5%,这时V_a的大小为6.16%~13.36%。对该类土,水的侵入量随空气体积率减小而减小,淮北粉土对水的敏感性较强,试验表明,当含水率大于最佳含水率时,土体试样的CBR值、无侧限抗压强度及回弹模量都呈降低趋势,土体在最佳含水率状态时又最易压实。故此,为保证土体处于稳定状态,粉土路基施工中应在保证最佳含水率状态下控制空气率。

条文说明表5-1 空气率计算结果

含水率 (%)	12.18	13.82	15.97	17.0	19.3	19.24	21.43
干密度 (g/cm³)	1.569	1.572	1.589	1.60	1.632	1.63	1.615
空气率 (%)	22.56	19.84	15.5	13.32	7.83	8.04	5.35

采用空气率作为路基的压实控制标准,具有压实度无法拥有的优点:
(1)能有效控制路基的压实状况,真实反映土的密实程度。
(2)体现出含水率和干密度对路基密实和稳定性的影响。
(3)空气率是由现场测得的干密度和含水率计算求得,人为影响因素小。

日本土质路堤的压实度是根据土的级配(0.075mm)筛的通过量来划分控制标准。对0.075mm筛通过量在20%以上的土用空气体积率V_a控制,而对0.075mm筛通过量在20%以下的土用密度比(即压实度)控制,详细规定见条文说明表5-2。

条文说明表5-2 日本土质路基的标准试验和现场管理试验方法及控制标准

部位	类别	试验项目		标准值	
				压实度	施工含水率
路床	用V_a控制的土质	标准试验	细粒土相对密度	75μm颗粒含量≥50%时,V_a≤8%; 50%>75μm颗粒含量≥20%时, V_a≤13%	满足沉降量的含水率
		现场试验	密度和含水率		
路床上层	用D_c控制的土质	标准试验	标准击实	75μm颗粒含量≤20%时, D_c≥97%	
		现场试验	密度和含水率		
路床下层	用V_a控制的土质	标准试验	标准击实	75μm颗粒含量≥50%时,V_a≤8%; 50%>75μm颗粒含量≥20%时, V_a≤13%	
		现场试验	密度和含水率		
	用D_c控制的土质	标准试验	标准击实	75μm颗粒含量≤20%时, D_c≥92%	
		现场试验	密度和含水率		

续上表

部位	类别	试验项目		标 准 值	
				压 实 度	施工含水率
路堤	路堤上层	用V_a控制的土质	标准试验	细粒土相对密度	能确保天然含水率或施工机械可通行的含水率
			现场试验	密度和含水率	75μm颗粒含量≥50%时,V_a≤8%;50%>75μm颗粒含量≥20%时,V_a≤13%
		用D_c控制的土质	标准试验	标准击实	
			现场试验	密度和含水率	75μm颗粒含量≤20%时,D_c≥92%
	路堤下层	用V_a控制的土质	标准试验	标准击实	75μm颗粒含量≥50%时,V_a≤8%;50%>75μm颗粒含量≥20%时,V_a≤13%
			现场试验	密度和含水率	
		用D_c控制的土质	标准试验	标准击实	75μm颗粒含量≤20%时,D_c≥92%
			现场试验	密度和含水率	

实际上,英国道路与桥梁施工规范对路基压实状态也是以土中的空气体积率控制的,要求路堤上层V_a<5%,下层V_a≤10%。

采用空气体积率进行控制的原因在于,在工地使用不同吨位和不同类型的压路机碾压时,各自的最佳含水率和所能达到的最大干密度虽然不同,但达到最大干密度时,土中的空气体积率却几乎是相同的,土中始终保留有一定的空气体积。

参考国内外有关规定,安徽泗浒高速公路、界阜蚌高速公路、德上高速公路等典型粉土路基现场试验与专题研究,为保证粉土路基的压实效果,须保证在最佳含水率状态下进行碾压,含水率与最佳含水率的误差范围控制在±2%,依据现行设计规范规定的高速公路下路堤,采用V_a≤11%作为压实控制指标;而针对现行设计规范规定的高速公路(一级公路)上路堤,采用V_a≤9%作为压实控制指标;而针对现行设计规范规定的二级及以下公路上路堤,采用V_a≤10%作为压实控制指标。

5.1.5 粉土路基施工前应先完成临时排水设施,施工期间应保持临时排水设施通畅。

5.1.6 粉土路基施工应符合现行《公路路基施工技术规范》(JTG F10)、《公路工程质量检验评定标准》(JTG F80/1)的有关规定。

5.2 施工准备

5.2.1 应在技术交底和全面理解设计要求的基础上,进行现场调查,着重核查下列资料:
1 施工范围内的地质、水文、气象等条件。
2 粉土类别及分布、施工环境、填料来源和运输条件等。

5.2.2 粉土填料应符合下列要求:
1 粉土填料宜就近取材,并应满足设计要求。
2 填料使用前应进行物理力学性质试验,确定最佳含水率。对含水率较大的粉土填料,应采取降水、晾晒等措施降低含水率。

5.2.3 施工机械选型应依据填料性质、施工条件、施工工艺和施工进度等综合确定。
1 挖运设备:挖掘机、铲运机、轻型自卸车。
2 翻晒设备:铧犁、旋耕机等。
3 压实设备:18t以上静载压路机,10t以下振动压路机等。

4 拌和设备：拌和机。
5 平整设备：平地机、推土机。
6 其他设备根据需要选用，如水泵、洒水车等。

条文说明：粉土黏性差，重型运输车易对成型粉土路基造成破坏，故采用不超过8t的轻型自卸车运输填料；铧犁翻晒为深层翻晒，效果好。旋耕机主要具有破碎功能，兼表层翻晒，适用于对路基表层和局部处理。

由于粉土CBR值低，大部分粉土须改良处理，而大型振动压路机易造成正在板结成型路基开裂而禁用，常用18t以上静载压路机碾压粉土或改良土，效率高。提倡压路机集中碾压，缩短碾压时间；当非改良土填筑时可采用振动压路机，但振动压路机压实效率低，一般不用或用于碾压前期的稳压。

5.2.4 应根据设计和现场实际对路基原地表进行处理。地势低洼或地下水位较高的路段，应按照本指南第4.2.5条的要求设置排水垫层或防渗隔断层。

5.2.5 施工前应修筑试验段。试验段应选择在地质条件、断面形式等有代表性的路段，其长度不宜小于100m。根据试验确定压实机械、施工方法、工艺参数等，主要内容如下：
1 摊铺方法与适用机具。
2 含水率的标准与控制方法。
3 石灰土、水泥土等改良土施工配合比。
4 松铺厚度与松铺系数。
5 整平与整形的合适机具和方法。
6 压实机械的选择和组合，压实的顺序、速度和遍数。
7 运输、摊铺及碾压机械的选择和组合。
8 施工质量的控制、检测方法，每一作业段的检测数量。
9 机械配置与数量。

5.3 路基填筑

5.3.1 路基填筑应符合下列要求：
1 路堤填筑作业宜采用水平分层填筑。
2 不同性质的粉土填料应分层或分段填筑于路堤的不同部分。
3 填方相邻作业段交接处若非同时填筑，则先填地段应按1:1坡度分层留好台阶；若同时填筑，应分层相互交叠衔接，交叠长度不应小于2m。
4 路基填筑应根据含水率的损失情况、碾压机械施工的最佳距离和施工时间等，合理确定施工路段长度。
5 路基填筑可按填土区、翻晒区、拌和区、平整区、碾压区、养生区、检验区七区平行流水作业施工。每个区段的长度按机械组合施工的最佳距离确定。

5.3.2 路基工程填筑施工工艺流程见图5.3.2。

5.3.3 填土作业应符合下列要求：
1 根据取土场远近和运输道路情况，可用挖掘机和运输车方式或铲运机铲运。
2 当采用运输车运输时，应根据运输车容量、松铺厚度计算每车摊铺面积、卸料间距，用石灰等划分方格，由专人指挥卸料，并辅以人工捡出石块、树根、腐质物等，用推土机推平。
3 运送填料车辆禁用8t以上重型自卸车。

4 路基应超宽填筑,超宽填筑的多余土方宜采用两次刷坡的方式进行边坡整形,以达到路基断面设计要求。

条文说明:粉土黏性差,边坡易冲刷,路基易开裂(纵向裂缝),为保证路基有效压实宽度,防止粉土路基雨季冲沟和质量通病,安徽省的做法是每层超宽填筑50cm～100cm,待填至路基交验前1~2层时开始精准放线,将超宽填筑的部分再预留5cm～10cm用挖掘机第一次刷坡(刷坡土放在路基上作填料);在路基边坡防护工程施工前进行第二次刷坡整形,以达到路基断面设计要求,即超宽填筑和二次刷坡。

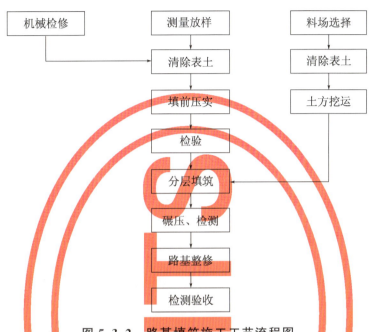

图5.3.2 路基填筑施工工艺流程图

5.3.4 翻晒作业时应先用铧犁深翻,再辅以旋耕机等破碎、翻晒。翻晒作业宜多套设备集中翻晒。

5.3.5 拌和作业宜用功率较大的灰土路拌机,有条件的也可采用稳定土拌和站拌和。

5.3.6 整平作业宜用平地机完成。当路基填料含水率大于最佳含水率3～5个百分点时进行整平作业,同时整出路拱并加大横坡至2%～3%。

5.3.7 路基碾压作业应符合下列要求:

1 整平完成后立即开始碾压作业,宜多台压路机集中压实。

2 根据试验段总结的压实工艺进行稳压、初压、终压;非改良粉土路基碾压工艺应遵循稳压→重型低频强振→高频弱振→静压的顺序。

3 粉土路基含水率在大于最佳含水率2～3个百分点开始碾压,且中途不得停顿;当粉土含水率较低时,应洒水至要求的含水率时开始碾压;若天气干燥,洒水车应随时跟进洒水。

4 压路机轮压痕迹重叠宜为40cm～60cm,在碾压成型路段不得转弯掉头、紧急制动。

5 出现松散、起皮、弹簧等异常现象时,应及时查找原因,并加以处理。

条文说明:粉土保水性差、失水快。粉土填筑施工含水率控制是关键,应根据施工地温度、风力(季节、气温、日照、风力、时辰等)灵活控制翻晒、整平、碾压尤其碾压作业的含水率。正常整平作业控制大于最佳含水率3～5个百分点,碾压作业控制大于2～3个百分点。当春秋季、早晚、微风时取低值,当夏季、日中、风大时,水分蒸发快,加大预控含水率。提倡集中翻晒、集中碾压,同时根据现有设备及组合能力控制施工作业段长度,避免粉土碾压"干时起皮""湿时弹簧"和翻晒作业出现上干下湿,或翻晒时间过长导致前面已干,后面没翻完。

根据安徽泗许高速公路、界阜蚌高速公路、德上高速公路等典型粉土路基碾压施工经验总结，普遍采用静载光轮压路机碾压6～8遍，功效高；当采用振动压路机碾压时，工艺一般为：先用振动压路机低频强振碾压2～4遍；再高频弱振碾压2～4遍；后静载压路机碾压2～4遍。

调研中也发现，部分工程（2001年安徽界首—阜阳—蚌埠高速公路，2009年的山东省高唐—临清高速公路、2015年的山东省济南—东营高速公路）粉土路基施工中，采用了冲击碾压对粉土填料进行补强压实。上述调研工程施工中，采用错轮、错峰、压缝的碾压方式，行驶路线3～5遍循环一次，碾压完成后，采用振动压路机或光轮压路机对表层填土进行压实，有关工程应用也取得了一定的效果。

5.3.8 粉土路基应采用洒水养生，高温、大风天气应提高洒水频率。

5.3.9 压实成型后应立即进行检验，合格后方可进行下一道工序。

5.3.10 雨季施工应符合下列要求：
1 下雨前不应填土，已摊铺的土应迅速碾压。
2 根据现场情况，增设临时排水设施。
3 下雨时应安排专人巡查，及时疏导积水。
4 雨后，对已成型的粉土路基应进行重新碾压，符合要求后方可进行下道工序。
5 边坡出现冲沟和溃坡时，应及时修复。

5.3.11 冬季施工应符合下列要求：
1 冬季施工时，应做好以下措施：
 1) 路基施工前应清除冰雪、疏干积水、铲除浮土等，复压合格后进行下一道工序。
 2) 选用渗水性较好的砂质粉土，控制含水率，并加大压实功。
 3) 分层填筑摊铺厚度应适当减薄。
 4) 路基填土应随挖随压、随填随压，在压实完成前不得中断施工；应保证运填的时间小于土的冻结时间。
 5) 当进行工程量较大的路基施工时，应编制详细的冬季施工组织设计，集中力量分段完成，不宜全段铺开。
 6) 对取土场、路基边坡、外露土层，应用松草或草袋覆盖。
2 当温度低于-5℃时，不得施工。

5.3.12 特殊路段路基填筑应符合下列要求：
1 桥涵台背及锥坡的填筑宜在安装（或现浇）梁（盖）板之前进行绕台环形压实，再进行刷坡。
2 桥涵台背等难以进行机械化作业的部位，可采用液态类水泥土、低强度等级片石混凝土等自密性好的材料浇筑。
3 路堤与桥梁、涵洞接头处均应设置过渡段，其长度不得小于现行《公路路基设计规范》（JTG D30）规定值；桥头（涵侧）路基每填筑2m～3m宜采用液压夯实机或小型夯机补强，并在下路床顶部和底部各铺设一层土工加筋材料。
4 非改良高填方路基可采用冲击碾压等补强。
5 路基加宽拼接时应清除老路堤边坡的松散层，厚度应根据实际情况确定；拼接宽度过小时，可采用超宽填筑再削坡的方式处理；路基压实不宜采用对既有路基产生严重影响的冲击碾压、强夯等措施。

条文说明：带状的公路、铁路、市政、水利工程都设计有若干规模、跨径不等的桥梁、涵洞、人机孔通道等结构工程，其传统施工工序是：先结构物基础、墩、台，再安装（或现浇）梁（盖）板，后回填台背、锥坡、台前。相关规范特别做规定、强调，目的是形成横向支撑后再回填、碾压，防止墩、台倾覆、失稳，但受制于安装的梁盖板，既延迟了回填工序，又因大型机械受限，只能采取人工或小型设备回填，其严重问题是不仅工效低,而且容易因抢工期、不按规范分层填筑或分层填筑但大型机械无法靠近、小型机械压实功小而同时出现台背、台前、锥坡三大质量通病,即后台背沉降、跳车,台前、锥坡松散,护坡砌体开裂、整体滑塌等。

台背、台前、锥坡三大质量通病由来已久,是由结构工程的特点和施工工序不合理及施工工艺不当造成的,一直困扰着工程界,虽有控制较好的,但成本高、效率低。对此,泗宿高速公路探索、创新、总结出改变施工工序、创新施工工艺的结构工程台背"环形压实法",同时解决台背、台前、锥坡三大质量通病,简单易行、省工省时、优质高效。

环形压实法工艺介绍:

1 改变施工工序:改传统施工工序:先结构物基础、墩、台,再安装(或现浇)梁(盖)板,后回填台背、锥坡、台前为:先施工基础、墩、台,再回填台背、锥坡、台前,后安装(或现浇)梁(盖)板;

2 用大型压路机从基础底,绕台背、锥坡大循环,加绕台背、锥坡、台前小循环(见条文说明图 5-2),分层(20cm)填筑压实至台背顶停止;

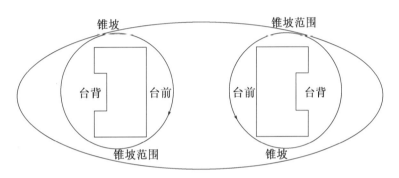

条文说明图 5-2

3 测量、放线:台前、锥坡进行 1:1.5 边坡定位测量、放线;

4 挖掘机自下而上进行开挖、修坡(预留 3cm~5cm),开挖和修坡土放置于台背、路基上待用;

5 锥坡和台前锥坡、台间通道形成;

6 施工盖板等。

为方便大型机械作业,提高挤实、压实功效,环形压实锥坡范围加宽 50cm~100cm 填筑、压实。见条文说明图 5-3。

a) 环形压实　　　　b) 台背回填局部人工夯实处理　　　　c) 采用环形压实工艺填筑的桥台锥坡

条文说明图 5-3

5.4 改良粉土路基施工

5.4.1 填筑前应按设计提供的配合比进行室内试验,确定施工配合比。当土源发生变化时,应重新进行配合比设计。

5.4.2 原材料应满足下列要求：
1 石灰应选用钙质生石灰或消解石灰，其指标应达到合格标准。
2 水泥的初凝时间应大于3h，终凝时间应大于6h。
3 当用其他化学类固化剂进行改良时应符合设计要求。
4 材料应分类堆放，并做好防风、防潮、防雨措施；堆放场地应平整、密实。

5.4.3 无机结合料改良土拌和作业应根据设计掺入量均匀布料；宜使用路拌机拌和，如使用旋耕机拌和时，其拌和深度应满足施工要求。

条文说明：粉土路基改良施工最容易发生大的质量事故就是采用路拌机拌和时因拌和深度不足、未拌和到底而出现素土"夹层"。为防止"夹层"，应严格控制拌和深度，宜采取人工挖"探坑"检查，未拌和到底时须重新拌和。

5.4.4 改良土压实宜采用静载光轮压路机碾压。

5.5 防排水工程施工

5.5.1 路基施工期间应加强临时防排水，并满足如下要求：
1 通过设置临时排水沟、泄水槽等将路基表面汇水集中排出，避免雨水漫流冲刷边坡；泄水槽宜在路基两侧每隔30m~50m设置一道，并采用可降解塑料薄膜铺面。
2 施工中的粉土路基或成型路段两侧边缘地带应设置一条宽不小于40cm、高不小于30cm的土埂，以便雨水流入排水槽、排水沟。
3 施工间隔较长时，应在成型的路堤顶面覆盖封闭土层或采用其他防水封闭措施。

5.5.2 低填浅挖路段地下防排水设施施工应与地基处理同时进行，选择合适地点作为出水口，保证出水顺畅和安全，必要时应设置排水管将渗水排出。

5.5.3 中央分隔带防排水施工应符合下列要求：
1 中央分隔带防排水的纵向、横向排水管应在基层施工完成、面层施工之前进行，以避免路面污染。
2 中央分隔带排水开挖断面应符合设计要求，底部及边坡应夯实。
3 中央分隔带横向排水管管端应位于最低处，以利排除中央分隔带内积水。

5.5.4 拼宽路基施工应设置拦水带、急流槽等排水设施。

5.6 防护工程施工

5.6.1 路基防护工程施工前，应根据设计文件和工程量确定施工方案和养护措施。

5.6.2 对于边坡植物防护，应开展绿化试验，以确定适宜物种、基材配比及施工工艺。

5.6.3 坡面防护施工应根据植物生长的自然规律选择合适的施工季节，以避免反季节育苗或栽植；并做好雨季防冲刷工程措施。

5.6.4 植物纤维毯防护施工应符合下列要求：
1 边坡坡面应顺直、平滑、平整且稳定，不得有工程垃圾、松石和大的石块等突起物。
2 植物纤维毯施工宜根据边坡状况选择横向铺设或纵向铺设方式；铺设应保持整齐一致、铺展平顺、紧贴坡面,无皱褶和悬空现象,并采用木桩、锚钉将草毯固定在坡面上。

3 植物纤维毯铺设时宜向坡脚和坡顶各延伸不少于50cm。在坡顶、坡脚设置锚固沟,深度应大于植物纤维毯厚度20cm,并将草毯端部锚固在沟内,回填原土压牢。

4 铺设完毕,锚固沟底、搭接处应采用U形钉等固定牢靠。

5.7 取土场施工

5.7.1 施工前应对所设取土场进行简易钻探,复查取土场土层的分布情况,并取样进行路基填料的相关试验,当所取土或经处理后的土料满足要求时,方可进行大规模施工。

5.7.2 地下水位较高的取土场,可采用开挖明沟和抽水相结合的办法降水取土。

5.7.3 取土场沟堤开挖方法宜结合场地水文地质条件及开挖需求确定。当小范围取土时,宜采用沟堤同步开挖法;当大面积表层取土时,宜采用沟堤交替法(图5.7.3)。

图5.7.3 沟堤交替法取土施工程序示意图

条文说明:安徽省根据省内粉土地区路基取土工程实践,总结了取土工艺,指南使用过程中,类似项目可根据场地实际情况参考借鉴。

1 当小范围取土时,采用沟堤同步开挖法。在明沟的基础上使明沟有序地加深、加宽,加之土堤不断随明沟的加深而降低,并随时向土堤上抛土作为堤的一部分,土堤互相交替作业,最后将剩余土堤一次取完。

2 当大面积表层取土时,采用沟堤交替法。在保证汽车运输正常运行、开挖作业正常的条件下,沟堤相互交替进行,同时使沟与堤宽度相等,高差在保证正常排水的条件下保持2.0m～3.0m。

5.7.4 取土场清表土宜集中堆放于临时弃土场,以备复耕或边坡绿化使用。

5.7.5 取土结束后应推平土埂和土墩,以防发生溺水事故。

6 质量检测与验收

6.1 一般规定

6.1.1 粉土路基压实质量应采用压实度和空气率双指标进行控制,并应符合本指南第5.1.4条和现行《公路路基施工技术规范》(JTG F10)的要求。

6.1.2 无机结合料改良土施工应严格控制压实度和无机结合料剂量,压实度应符合本指南第5.1.4条的要求,无机结合料剂量应满足设计要求。

6.1.3 路基交工验收时应实测路基顶面弯沉值,当实测弯沉值不满足设计要求时,应对路床进行处理。

6.1.4 路基质量检测与验收除应符合本指南的要求外,还应符合现行《公路路基施工技术规范》(JTG F10)和《公路工程质量检验评定标准》(JTG F80/1)的有关规定。

6.2 质量检测

6.2.1 粉土路基每一压实层均应检验压实度,并计算空气率。检测频率为每1 000 m²至少检验2点,不足1000 m²时检验2点,必要时可根据需要增加检验点。

6.2.2 压实度可采用灌砂法、灌水(水袋)法、环刀法检测。

6.2.3 空气率应根据如下方法确定:

1 根据现行《公路土工试验规程》(JTG E40)的试验方法(T 0112 比重瓶法)对粉土填料进行比重试验,测得土粒比重G_s。

2 现场实测压实粉土的干密度、含水率。

3 按下列公式计算空气率:

$$V_a = \left[1 - \rho_d \left(\frac{1}{G_s} + \omega \right) \bigg/ \rho_w \right] \times 100\% \tag{6.2.3}$$

式中:V_a——空气率(%);

ρ_d——土的干密度(g/cm³);

G_s——土粒比重;

ρ_w——水的密度,取1.0g/cm³;

ω——土的含水率。

6.2.4 无机结合料改良土每一压实层均应检测压实度和无机结合料剂量。当以每天完成段落为评定单位时,压实度检测不少于6处,无机结合料剂量检测不少于3处;以1km为评定单位时,压实度检测不少于10处,无机结合料剂量检测不少于6处。

6.3 交工验收

6.3.1 路基工程验收前,应按照现行《公路工程质量检验评定标准》(JTG F80/1)的规定进行自检,自检合格后,编制符合要求的交工资料,申请进行交工验收。

6.3.2 粉土路基交工验收时,应采用落锤式弯沉仪测定路基顶面弯沉值,并应满足式(6.3.2-1)的要求。
$$l_0 \leqslant l_R \tag{6.3.2-1}$$

式中：l_0——路段内实测的路基顶面弯沉代表值(0.01mm)。

l_R——路基顶面验收弯沉值(0.01mm)，按照式(6.3.2-2)计算确定。

$$l_R = 176 \frac{pr}{M_R} \tag{6.3.2-2}$$

式中：p——落锤式弯沉仪承载板施加荷载(MPa)；

r——落锤式弯沉仪承载板半径(mm)；

M_R——标准湿度状态下路基顶面回弹模量(MPa)。

6.3.3 路基交工验收应符合现行《公路工程质量检验评定标准》(JTG F80/1)的有关规定。

附录 A 标准状态下粉土路基回弹模量值 M_R 的确定

A.1 标准状态下粉土路基回弹模量值应按下列方法确定：

1 粉土填料的回弹模量应按《公路路基设计规范》(JTG D30—2015)附录 A 通过试验获得。

2 受试验条件限制时，粉土填料的 M_R 值取 50MPa～90MPa（小于 0.075mm 的颗粒含量大和塑性指数高时取低值，反之，取高值；同等条件下，轻、中等及重交通荷载时取较小值，特重、极重交通条件下取较大值）。

A.2 初步设计阶段，可按式（附 A-1）、式（附 A-2）由填料的 CBR 值估算粉土填料和无机结合料改良土的回弹模量：

$$M_R = 17.6 CBR^{0.64} \quad (2 < CBR \leq 12) \quad \text{（附 A-1）}$$
$$M_R = 22.1 CBR^{0.55} \quad (12 < CBR < 80) \quad \text{（附 A-2）}$$

附录 B 路基平衡湿度的确定

B.1 路基结构的平衡湿度宜根据既有路基湿度调查确定,也可根据路基相对高度、毛细水上升高度、路基干湿类型等,按《公路路基设计规范》(JTG D30—2015)附录 C 的方法预估。黄淮地区粉土路基的平衡湿度可按如下方式确定:

1 潮湿类粉土路基可按附表 B-1 确定距地下水或地表长期积水水位不同高度处的饱和度。

附表 B-1 距地下水或地表长期积水位不同高度处的饱和度

距离	0.3	1.0	1.5	2.0	2.5	3.0	4.0
饱和度(%)	94～100	80～90	76～86	73～83	71～81	69～80	—

2 干燥类粉土路基的饱和度可取 72%～80%。

3 对于中湿类粉土路基,则先按路基工作区上部和下部分别确定其平衡湿度,再以厚度加权平均计算路基的平衡湿度。地下水毛细润湿面以上的路基工作区上部,其平衡湿度按干燥类路基取值;地下水毛细润湿面以下的路基工作区下部,其平衡湿度按潮湿类路基取值。

B.2 无机结合料改良土的平衡湿度宜根据既有路基无机结合料改良土湿度调查确定。

附录 C 路基回弹模量湿度调整系数的确定

C.1 粉土路基回弹模量湿度调整系数宜由试验确定。粉土路基也可参照《公路路基设计规范》(JTG D30—2015)附录 D 取值。黄淮地区粉土路基回弹模量湿度调整系数可按如下方式确定：

  1 潮湿类路基，路基工作区顶面回弹模量湿度调整系数取 0.5~0.7，底面回弹模量湿度调整系数取 0.4~0.6。小于 0.075mm 颗粒含量大和塑性指数高时取低值，反之取高值。

  2 干燥类路基，路基回弹模量湿度调整系数取 0.68~1.04，小于 0.075mm 颗粒含量大和塑性指数高时取低值，反之取高值。

  3 中湿类路基的回弹模量湿度调整系数，可按路基工作区内两类湿度来源的上部和下部分别确定其湿度调整系数，并以路基工作区上、下部的厚度加权计算路基总的回弹模量湿度调整系数。

C.2 无机结合料改良土路基回弹模量湿度调整系数宜由试验确定。

附录 D 干湿循环试验方法

D.1 主要仪器设备

1 试筒：内径 152mm、高 170mm 的有机玻璃圆筒。
2 透水石：厚度应不小于 10mm，直径 185mm。
3 水槽：增湿土样使用，槽内水面应低于透水石顶面 2mm。
4 烘箱：可采用电热烘箱或温度能保持 105℃～110℃ 的其他能源烘箱。
5 保湿器：密封保湿，减少土样中水分散失。
6 荷载板：直径 150mm，中心孔眼直径 52mm，每块质量为 1.25kg，共 4 块，并沿直径分为两个半圆块。
7 其他：多孔板、滤纸等。

D.2 试验步骤

1 制样：试样按照 $w_0 = w_{opt} + 2\%$ 含水率和控制压实度制取，直径为 152mm、高为 120mm；称量并记录土样与试筒总初始质量 m_0。
2 增湿过程：
1）取下试样两端残破滤纸，放上好滤纸，土样与试筒平齐端向下，在顶端安装多孔板，在多孔板上加 4 块荷载板。
2）透水石置于水槽中，将安装好荷载板的土样及试筒放置在透水石上，向水槽中加水，保持槽内水面低于透水石顶面 2mm。
3）土样在毛细作用下吸湿，用电子天平称重，使土样总含水率增至 $w_{opt} + 8\%$。
4）从水槽中取出试样置于保湿器中 48h，确保试验含水率均衡。
3 脱湿过程：
1）将增湿完成后的试样放置在烘箱中，在 40℃ 鼓风状态下烘干 4h～5h，然后在自然状态下风干至初始含水率 w_0 状态。
2）将脱湿后试样在保湿器中放置 48h，使试样含水率均匀。
4 干湿循环过程：步骤 2、3 为土样一次完整的干湿循环过程，重复该过程即土样多次干湿循环。

用 词 说 明

1 本指南执行严格程度的用词,采用下列写法:
1) 表示严格,在正常情况下均应这样做的用词,正面词采用"应",反面词采用"不应"或"不得"。
2) 表示允许稍有选择,在条件许可时首先应这样做的用词,正面词采用"宜",反面词采用"不宜"。
3) 表示有选择,在一定条件下可以这样做的用词,采用"可"。

2 引用标准的用语采用下列写法:
1) 在标准条文及其他规定中,当引用的标准为国家标准或行业标准时,应表述为"应符合《××××××》(××××)的有关规定"。
2) 当引用标准中的其他规定时,应表述为"应符合本指南第×章的有关规定""应符合本指南第×.×节的有关规定""应按本指南第×.×.×条的有关规定执行"。

责任编辑：郭红蕊　　韩亚楠
文字编辑：闫吉维

网上购书 / www.jtbook.com.cn
定价：260.00元